BAND 7a EXTRA

# SOWAS!

Sigrun Eder
Daniela Molzbichler
Evi Gasser

# KONRAD, der Konfliktlöser

## EXTRA

Clever streiten und versöhnen
daheim und unter Freunden

AF287727

edition riedenburg

Bibliografische Information der Deutschen Nationalbibliothek
Die Deutsche Nationalbibliothek verzeichnet diese Publikation in der Deutschen
Nationalbibliografie; detaillierte bibliografische Daten sind im Internet über
http://dnb.d-nb.de abrufbar.

**Markenschutz**

Dieses Buch enthält eingetragene Warenzeichen, Handelsnamen und Gebrauchsmarken. Wenn diese nicht als solche gekennzeichnet sein sollten, so gelten trotzdem die entsprechenden Bestimmungen.

**Besonderer Hinweis**

| | |
|---|---|
| 1. Auflage | November 2014 |
| © 2014 | edition riedenburg |
| Verlagsanschrift | Anton-Hochmuth-Straße 8, 5020 Salzburg, Österreich |
| Internet | www.editionriedenburg.at |
| E-Mail | verlag@editionriedenburg.at |
| Lektorat | Dr. phil. Heike Wolter, Regensburg |
| Satz und Layout | edition riedenburg |
| Herstellung | Books on Demand GmbH, Norderstedt |

ISBN 978-3-902943-44-6

# Das ist gemein!

Bestimmt kennst du das Gefühl, total wütend, beleidigt oder traurig zu sein. Zum Beispiel, wenn dir deine Eltern einen Wunsch nicht erfüllen, dir deine Mutter etwas verbietet oder dein Papa mit dir schimpft. Falls du ein oder mehrere Geschwister hast, weißt du zwar, wie toll es ist, zum Spielen gleich jemanden in der Nähe zu haben, aber auch, wie aus einem friedlichen Miteinander in Windeseile ein lautstarker Streit werden kann.

Egal, worum es geht, solche Streitereien gehören zum Familienleben dazu. Sie sind normal, weil jeder seine eigene Meinung hat. Was wirklich zählt, ist: Wie geht ihr damit um? Und was macht ihr, wenn aus einem Streit ein großer Konflikt wird?

Ich bin Konrad und mittlerweile richtig gut im Lösen von Konflikten. Natürlich werde ich immer wieder auf die Probe gestellt: Meine Schwester Hannah bringt mich regelmäßig auf die Palme, und bei Konflikten mit meinen Eltern fühle ich mich manchmal klitzeklein. Im Unterschied zu früher weiß ich inzwischen aber genau, was zu tun ist. Das Lösen von Konflikten ist nicht immer leicht, und der erste Schritt erfordert viel Mut.

Daher lautet mein Tipp an dich: Was immer passiert ist, sprich darüber. Hast du etwas Dummes gemacht, stehe dafür ein und entschuldige dich. Wie du daheim und unter Freunden clever streiten und dich versöhnen kannst, findest du auf den folgenden Mit-Mach-Seiten heraus. Schnapp dir dein Schreibzeug und leg los.

Viele gute Ideen wünscht dir dein
Konrad

Ich heiße Konrad und bin
zehn Jahre alt.

Das ist meine Familie.

Hannah und ich hatten Streit. Es ging ums Aufräumen. Seit Baby Sophia da ist, müssen Hannah und ich daheim viel mehr mithelfen.

Heute früh meinte Mama mal wieder:

„Das könnt ihr schon. Ihr seid nun alt genug."

Deshalb haben Hannah und ich die Aufgaben ‚Müll raustragen‘ und ‚Tisch decken‘ aufgeteilt.

Wir dachten, das sei alles.

Doch von Papa kamen noch zwei weitere Aufgaben dazu:

Hannah und ich sollten vor dem Abendessen unser Zimmer aufräumen und herumliegende Schmutzwäsche in den Wäschekorb geben.

Gestern erst hatte ich die schmutzige Wäsche, wie ausgemacht, in den Wäschekorb gelegt.

Danach entdeckte ich, wie Hannah im Bett lag und ein Buch ansah, anstatt ihre Eisenbahn wegzuräumen. Ich sagte zu ihr:

„Hannah, leg das Buch weg. Räum auf. Aber ratz-fatz!"

Sie meinte bloß schulterzuckend:

Mir ist es piepegal, was du sagst!

Hannah hat mich mit ihrem Mir-ist-es-piepegal-was-du-sagst-Verhalten von null auf hundert gebracht. Schließlich bin ich ihr großer Bruder!

Wütend schrie ich sie an:

„Das ist unfair! Du sollst auch mithelfen!"

Das ging Hannah natürlich gegen den Strich. Sie hat das Buch mit einem Knall zugeklappt und ist aufgesprungen. Mit geballten Fäusten hat sie aus dem Bett heraus gebrüllt:

„Lass mich in Ruhe! Ich mache, was ich will!"

Um ihr eins auszuwischen, schnappte ich mir ihren Lieblingsball und lief aus dem Zimmer. Hannah eilte mir laut schimpfend hinterher.

Unseren Streit hat Papa gehört.

Er kam sofort.

Im Wohnzimmer stellte er sich zwischen uns. Dabei hielt er die Hände wie ein Polizist, der statt einer Ampel den Verkehr regelt, und sagte streng:

„Stopp! Das hat Konsequenzen."

Diesen Satz können Hannah und ich nicht leiden. Papa sagt ihn meistens, wenn er mal wieder nicht weiß, wie es weitergehen soll. Es ist sein Zaubersatz, der ihm Zeit zum Nachdenken verschafft.

Hannah und ich müssen dann auf das warten, was noch kommt. Und das ist doof.

Meist fällt Papa eine Aufgabe ein, die spürbare Folgen für uns hat, wie zum Beispiel Schuheputzen oder früh zu Bett gehen. Waren wir besonders frech oder grob zueinander, gibt es schon mal für längere Zeit fernseh- und computerfrei.

Papa möchte, dass wir uns die Konsequenzen merken und in einer ähnlichen Situation klüger handeln.

Doch diesmal gab es nichts von alledem.

Papa sagte:

„Kommt, wir machen eine Familienkonferenz."

Hannah und ich wussten anfangs nicht, ob das etwas Gutes ist oder nicht. Wir setzten uns an den Küchentisch. Mama kam auch dazu.

Mama sagte:

„Wir schreiben auf, was uns in der Familie ärgert. Dann sprechen wir in Ruhe darüber und suchen gemeinsam eine gute Lösung."

Kommt, wir machen eine Familienkonferenz!

Gesagt, getan. So haben Mama und Papa erfahren, dass mich das Aufräumen nervt und ich ab und zu schmutzige Wäsche hinter dem Kasten verstecke.

Hannah erzählte, dass sie es anstrengend findet, kleine Schwester zu sein.

Papa und Mama sagten, dass es sie traurig macht, wenn Hannah und ich viel streiten.

12

Dann haben unsere Eltern gemeint:

„Wir machen einen Plan, wer was wann zu tun hat. Erledigt jeder seine Aufgaben, gibt es einen Sticker und wir unternehmen am Wochenende etwas Schönes."

Alle waren einverstanden.

Anschließend haben Hannah und ich den Plan gut sichtbar am Kühlschrank aufgehängt.

| PLAN | MONTAG | DIENSTAG | MITTWOCH | DONNERSTAG | FREITAG | SAMSTAG | SONNTAG |
|---|---|---|---|---|---|---|---|
| Papa | Büro/PC | Büro/PC | Büro/PC | Büro/PC | Büro/PC + Kochen | Wäsche | Ausflug |
| Mama | Kochen | Kochen | Tisch abräumen | Kochen | Büro/PC | Tisch abräumen | Ausflug |
| Konrad | Schule + Tisch | Schule | Schule | Schule | Schule + Tisch | Wäsche | Ausflug |
| Hannah | SPIEL-GRUPPE | SPIEL-GRUPPE + Tisch | SPIEL-GRUPPE | SPIEL-GRUPPE + Tisch | SPIEL-GRUPPE | Müll | Ausflug |
| Sophia | Spielsachen | MAMA Spazieren | OMA Spazieren | MAMA Spazieren | Spielsachen | PAPA Spazieren | Ausflug |

Büro/PC-Arbeit zu Hause

Einkaufen, Kochen, Abwaschen

Tisch abräumen

Wäsche (sortieren, waschen, auf- und abhängen, bügeln)

Müll hinaustragen

Schule

Kindergarten

Spielsachen aufräumen

Spazierengehen

Ausflug

Und weißt du was?

Es hat super geklappt!

Wir haben am Sonntag eine Radtour gemacht und waren sogar am Abenteuer-
spielplatz!

Während der Woche gab es weniger Streit
und mehr Zeit zum Spielen.

Und zum Aufräumen der Spielsachen wur-
de ich diese Woche zum Glück gar nicht
eingeteilt.

# Was gefällt dir an Konrads Familie?

Nun kennst du Konrads Familie. Was gefällt dir an ihr? Was habt ihr gemeinsam? Schreibe und/oder zeichne deine Gedanken auf.

Das gefällt mir:

Das haben wir gemeinsam:

# WESHALB GAB ES STREIT?

In Konrads Familie gab es Streit. Finde heraus, worum es ging.

17

# WAS KOMMT NACH DEM STREIT?

Konrads Vater mischt sich in den Streit ein. Was passiert dabei und danach?
Schreibe und/oder zeichne alles auf.

Das passiert
⬅ dabei.

Das passiert
danach. ➡

# WAS HÄTTEST DU ANDERS GEMACHT?

Stell dir vor, du könntest zaubern und wärst ein Mitglied aus Konrads Familie. Wer bist du und was hättest du anders gemacht?

# Wer ist deine Familie?

Notiere, wer zu deiner Herkunftsfamilie gehört. In den linken Baum schreibst du, mit wem du verwandt bist. Im rechten Baum kannst du gegebenenfalls hinzugekommene Elternteile und Geschwister nennen.

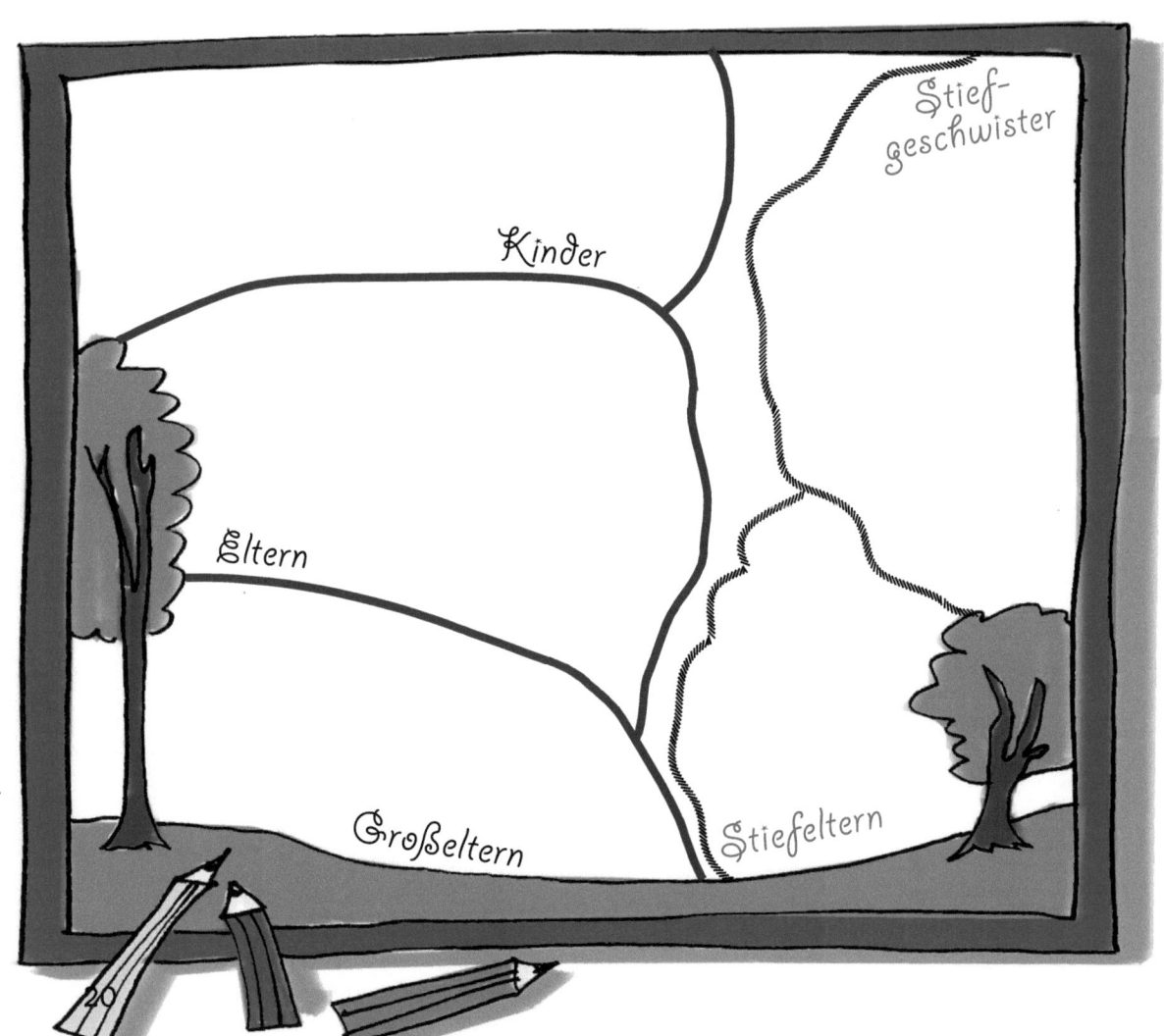

# WORIN SEID IHR BÄRENSTARK?

Hast du dir schon mal überlegt, was deine Familie oder einzelne Familienmitglieder besonders gut kann/können?

Ich bin bärenstark. Ich kann gut ...

_____

_____

_____

_____

Meine _____ ist bärenstark. Sie kann gut _____

Mein _____ ist bärenstark. Er kann gut _____

Meine _____ ist bärenstark. Sie kann gut _____

Mein _____ ist bärenstark. Er kann gut _____

Meine _____ ist bärenstark. Sie kann gut _____

Mein _____ ist bärenstark. Er kann gut _____

Meine _____ ist bärenstark. Sie kann gut _____

Mein _____ ist bärenstark. Er kann gut _____

# WAS IST TYPISCH FÜR DEINE FAMILIE?

Niemand ist perfekt! Daher hast du bestimmt schon die eine oder andere Macke an deinen Familienmitgliedern und natürlich an dir selbst herausgefunden. Schreibe sie auf. Unterscheide dabei Angewohnheiten, die du lustig findest, von jenen, die dich nerven.

**Ich**
Lustig: ................................................................................................
Nervig: ................................................................................................

Name:
Lustig: ................................................................................................
Nervig: ................................................................................................

Name:
Lustig: ................................................................................................
Nervig: ................................................................................................

Name:
Lustig: ................................................................................................
Nervig: ................................................................................................

Name:
Lustig: ................................................................................................
Nervig: ................................................................................................

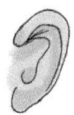 # WER HÖRT DIR ZU?

Mit wem sprichst du darüber, wenn dich etwas bekümmert? Bewerte auf der Skala, ob die Person ein guter Zuhörer/eine gute Zuhörerin ist.

|  | *hat nie ein offenes Ohr für mich* | | | | | *hat immer ein offenes Ohr für mich* | | | | |
|---|---|---|---|---|---|---|---|---|---|---|
| Mama | • | • | • | • | • | • | • | • | • | • |
| Papa | • | • | • | • | • | • | • | • | • | • |
| Schwester | • | • | • | • | • | • | • | • | • | • |
| Bruder | • | • | • | • | • | • | • | • | • | • |
| Oma | • | • | • | • | • | • | • | • | • | • |
| Opa | • | • | • | • | • | • | • | • | • | • |
| .................... | • | • | • | • | • | • | • | • | • | • |
| .................... | • | • | • | • | • | • | • | • | • | • |
| .................... | • | • | • | • | • | • | • | • | • | • |
| .................... | • | • | • | • | • | • | • | • | • | • |

Wie wichtig ist dir, dass ..................... ein besserer Zuhörer/eine bessere Zuhörerin wird?

➡ *gar nicht wichtig* — • • • • | • • • • — *sehr wichtig*

*Was kannst du tun, damit diese Person von deinem Anliegen/Wunsch erfährt?*

23

# Welche Familienregeln gibt es?

Regeln sind wie ein Kompass: Sie helfen dir, dich im Familienalltag zu orientieren. Außerdem vereinfachen sie das Miteinander, weil alle die gemeinsamen Regeln kennen. Welche Familienregeln gibt es bei euch daheim? Schreibe sie auf. Male jene rot an, die du am schwersten einhalten kannst.

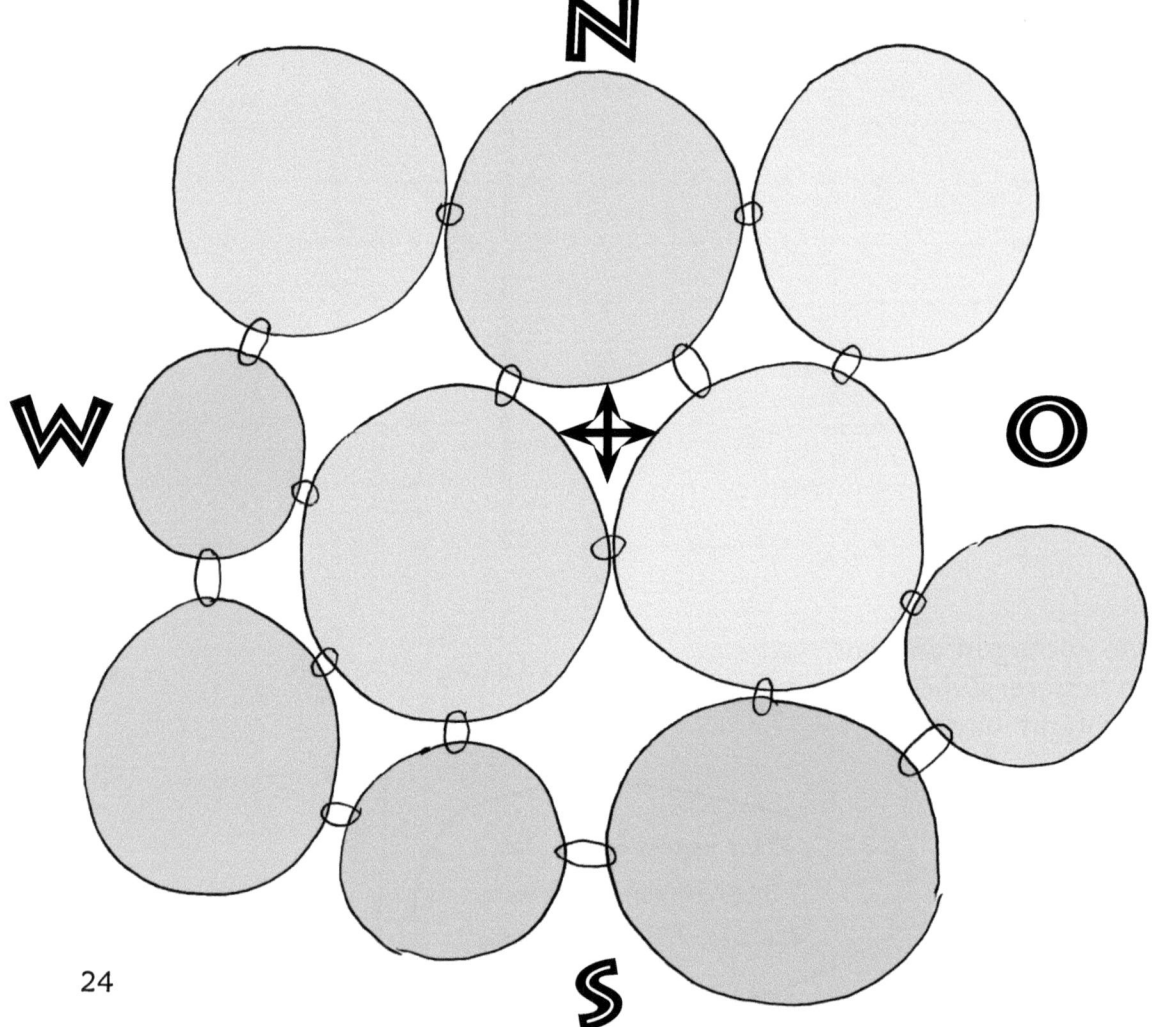

# WAS PASSIERT, WENN FAMILIENREGELN VERGESSEN WERDEN?

Bestimmt hast du schon mal vergessen, die eine oder andere Familienregel einzuhalten. Vielleicht hast du auch gute Gründe gehabt, sie zu missachten. Was ist dann passiert? Schreibe und/oder zeichne es auf.

# MIT WEM GIBT ES MISSVERSTÄNDNISSE?

Stell dir vor, du sprichst mit einem Familienmitglied. Dabei passiert es, dass ihr euch nicht richtig zugehört oder ihr euch falsch verstanden habt. Überlege dir, wie ein solches Missverständnis entstehen kann. Schreibe oder zeichne es auf.

Mit dieser Person gab es ein Missverständnis:

Das ist so passiert:

# WORUM GEHT ES MEISTENS DAHEIM?

Denke an bisherige Missverständnisse in deiner Familie. Wähle drei typische aus. Bewerte dann, inwiefern sie dich ärgern

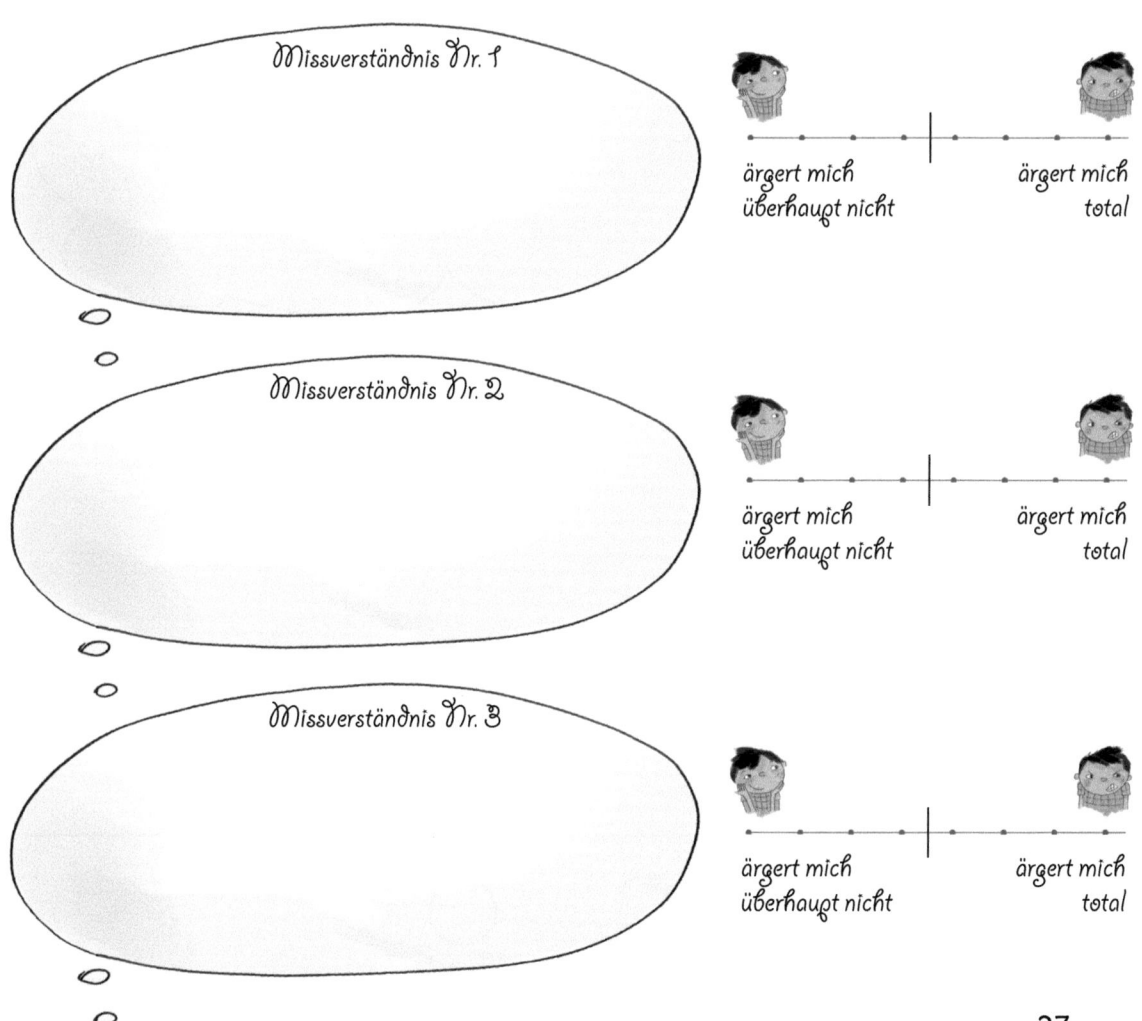

Missverständnis Nr. 1

ärgert mich
überhaupt nicht

ärgert mich
total

Missverständnis Nr. 2

ärgert mich
überhaupt nicht

ärgert mich
total

Missverständnis Nr. 3

ärgert mich
überhaupt nicht

ärgert mich
total

# WAS PASSIERT, WENN ES KRACHT?

Kannst du dich an eine Situation erinnern, wo es in deiner Familie einen Riesenkrach gegeben hat? Wie hast du diesen Konflikt erlebt? Habt ihr eine Lösung gefunden? Zeichne und/oder schreibe es auf.

Das gab einen Riesenkrach:

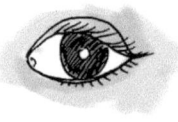

So ging es mir dabei:

 Wir haben eine Lösung gefunden.

 Wir haben keine Lösung gefunden.

# WAS IST DIR IM KONFLIKT WICHTIG?

Du kannst einen Streit beruhigen oder verschlimmern. Und zwar, indem du dein Verhalten gezielt steuerst. Umkreise die auf dich zutreffenden Einstellungen.

„Ich will, dass sich alle verstehen."

„Ich will mich fair und respektvoll verhalten."

„Ich will meinem Gegenüber mein Verhalten erklären."

„Ich möchte, dass alle das tun, was ich will."

„Ich will den Konflikt mit allen gemeinsam gut lösen."

„Ich will, dass meine Eltern nicht mehr miteinander streiten."

„Ich bin bereit, fiese Tricks einzusetzen."

„Ich will den anderen/die andere nicht ausstechen, sondern mich mit ihm/ihr einigen."

„Ich möchte den Konflikt so lösen, dass wir später gut miteinander klarkommen."

_____

_____

# WELCHE KONFLIKTE SIND TYPISCH FÜR DEINE FAMILIE?

Jede Familie hat ihre eigenen Konflikte. Wie ist es bei dir zu Hause? Schreibe eure drei häufigsten Konflikte auf.

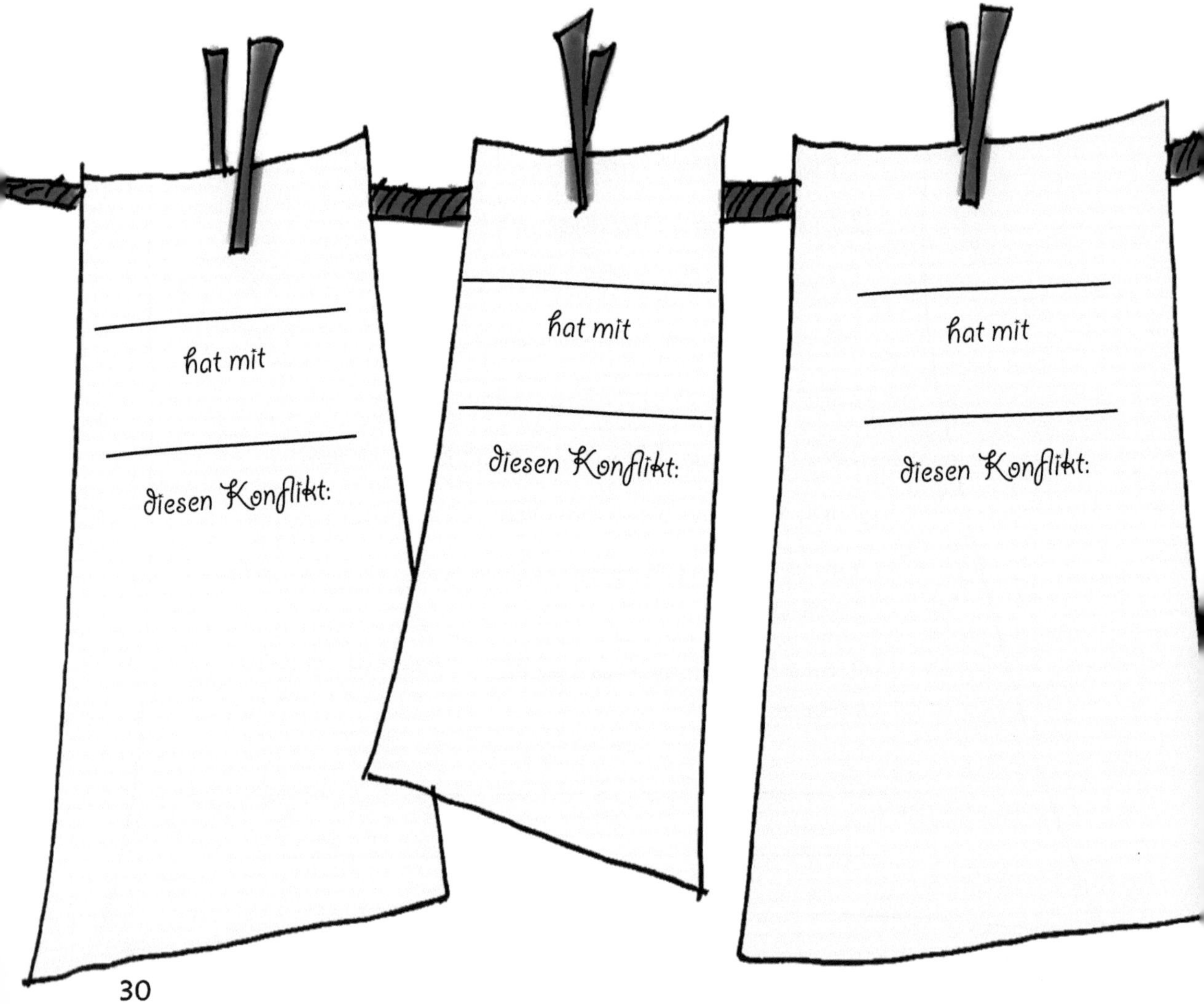

hat mit

diesen Konflikt:

hat mit

diesen Konflikt:

hat mit

diesen Konflikt:

# WIE FÜHLST DU DICH DANACH?

Höre in dich hinein und finde heraus, wie du dich meistens nach einem familiären Konflikt fühlst. Kreuze die auf dich zutreffenden Gefühle an.

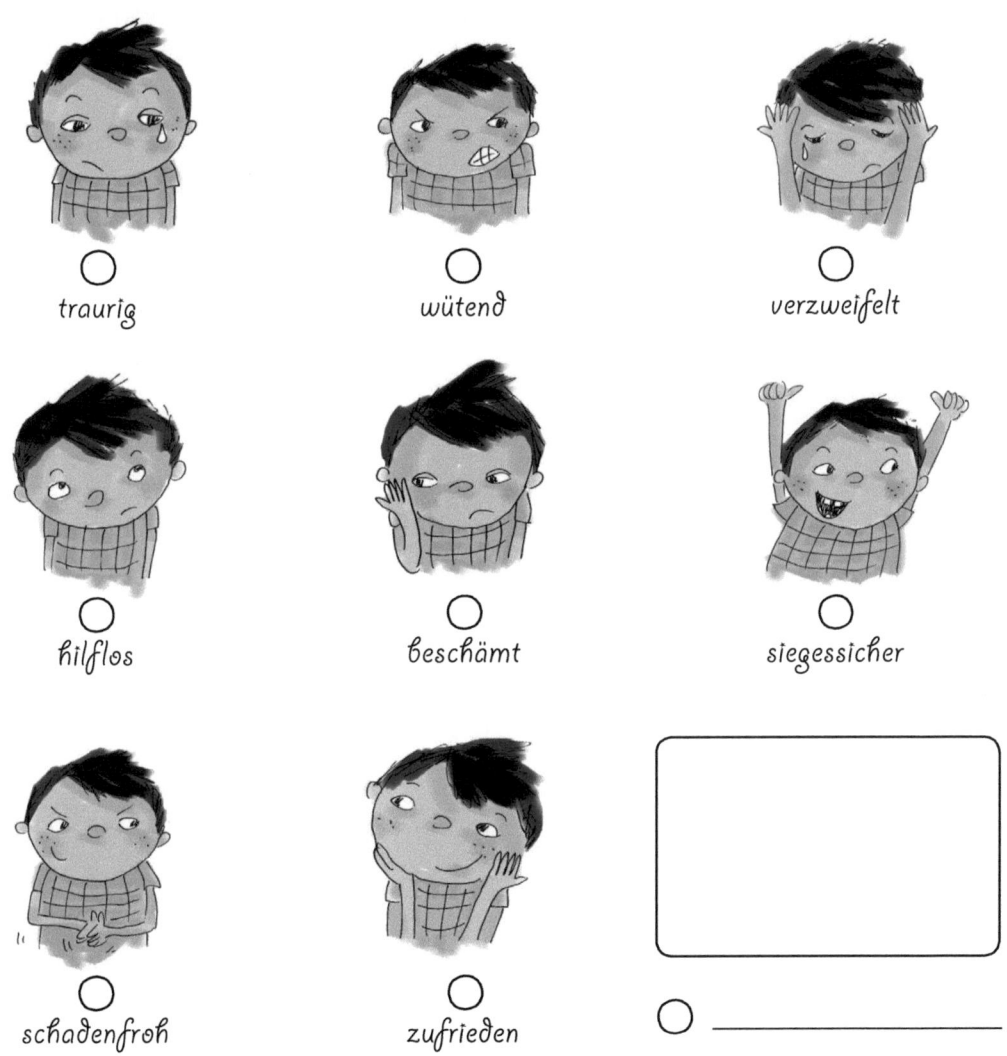

◯ traurig

◯ wütend

◯ verzweifelt

◯ hilflos

◯ beschämt

◯ siegessicher

◯ schadenfroh

◯ zufrieden

◯ _____

# Wie sagst du es richtig?

Es ist besser, in Ich-Botschaften zu sprechen, als der Konfliktpartei Vorwürfe zu machen. So bleibst du bei dir, anstatt den Konflikt zu verschlimmern. Eine Ich-Botschaft besteht aus zwei Informationen: Die erste Information ist, wie du dich fühlst. Die zweite Information ist, wodurch dieses Gefühl bei dir entstanden ist.

**Ich-Botschaft-Formel**

**Wie-Gefühl + Erklärung**

... übe nun selber ein bisschen!

Das würde ich normalerweise sagen:

So klingt es als Ich-Botschaft:

Möchtest du ein Beispiel? Vorher: „Dieser Saustall im Zimmer regt mich total auf!" Nachher: „Ich finde es doof, wenn du deine Spielsachen herumliegen lässt, weil ich drüberfalle. Bitte räum die Eisenbahn weg."

# WIE ENTSCHULDIGST DU DICH?

Im Streit hast du unüberlegt etwas Verletzendes oder Beleidigendes gesagt. Wie kannst du dich dafür entschuldigen?

*„ICH MÖCHTE DIR SAGEN..."*

_____

_____

_____

_____

_____

Woran merkt dein Gegenüber außerdem, dass du es ernst meinst?

_____

_____

_____

_____

33

# WAS ZEIGT DIR DIE KONFLIKT-BRILLE?

Hast du gerade einen Streit in der Familie? Dann versuche, den anderen/die andere zu verstehen, indem du seine/ihre Brille aufsetzt und den Streit aus seiner/ihrer Perspektive siehst. Folgende Fragen helfen dir dabei:

Wo findet der Konflikt statt?

◯ Familie   ◯ Freundeskreis

Wer ist am Konflikt beteiligt? _____

Worum streitest du? _____

Worum streitet die Konfliktpartei? _____

Streitet ihr um dasselbe?   ◯ ja, weil ...        ◯ nein, weil ...

Geht es um einen sachlichen oder einer persönlichen Konflikt?
sachlicher Konflikt: Zum Beispiel, wenn sich die Konfliktparteien grundsätzlich verstehen, ein gemeinsames Ziel haben, sich jedoch darüber uneinig sind, wie es erreicht werden kann. • persönlicher Konflikt: Häufig, wenn es den Konfliktparteien darum geht, einander zu kränken oder zu schaden, weil sie sich unsympathisch finden oder andere Gefühle im Mittelpunkt des Konflikts stehen.

◯ sachlich

◯ persönlich

Wie gehst du mit der gegnerischen Konfliktpartei um? _____

Wie geht die gegnerische Konfliktpartei mit dir um? _____

Wie weit ist der Konflikt vorangeschritten?
gar nicht •••••••|••••••• sehr weit

Wie sehr belastet dich der Konflikt?
gar nicht •••••••|••••••• sehr stark

# WAS IST DEIN ZAUBERWORT?

Gibt es in Konrads Familie einen Konflikt, benutzt Konrads Vater gerne ein bestimmtes Zauberwort. Es heißt „Konsequenzen", was so viel wie „Folgen" bedeutet. Hast auch du ein Zauberwort, das dir ein wenig Zeit zum Überlegen verschafft? Schreibe/zeichne es auf!

# WAS SCHLÄGST DU VOR?

Stell dir vor, dein Papa und dein Bruder oder deine Schwester hatten einen Konflikt. Nun behandeln sie sich gegenseitig wie Luft. Dich stört das. Du möchtest, dass sie sich wieder vertragen. Schlage vor, was die beiden tun sollen!

# WELCHE REGELN HAT DIE FAMILIENKONFERENZ?

Die Familienkonferenz ist eine Möglichkeit, Probleme sowie Ärgernisse anzusprechen und gemeinsam Lösungen zu finden. Welche Regeln sollen dabei deiner Meinung nach von allen eingehalten werden? Male die entsprechenden Merkhefte bunt an und schreibe weitere Regeln dazu.

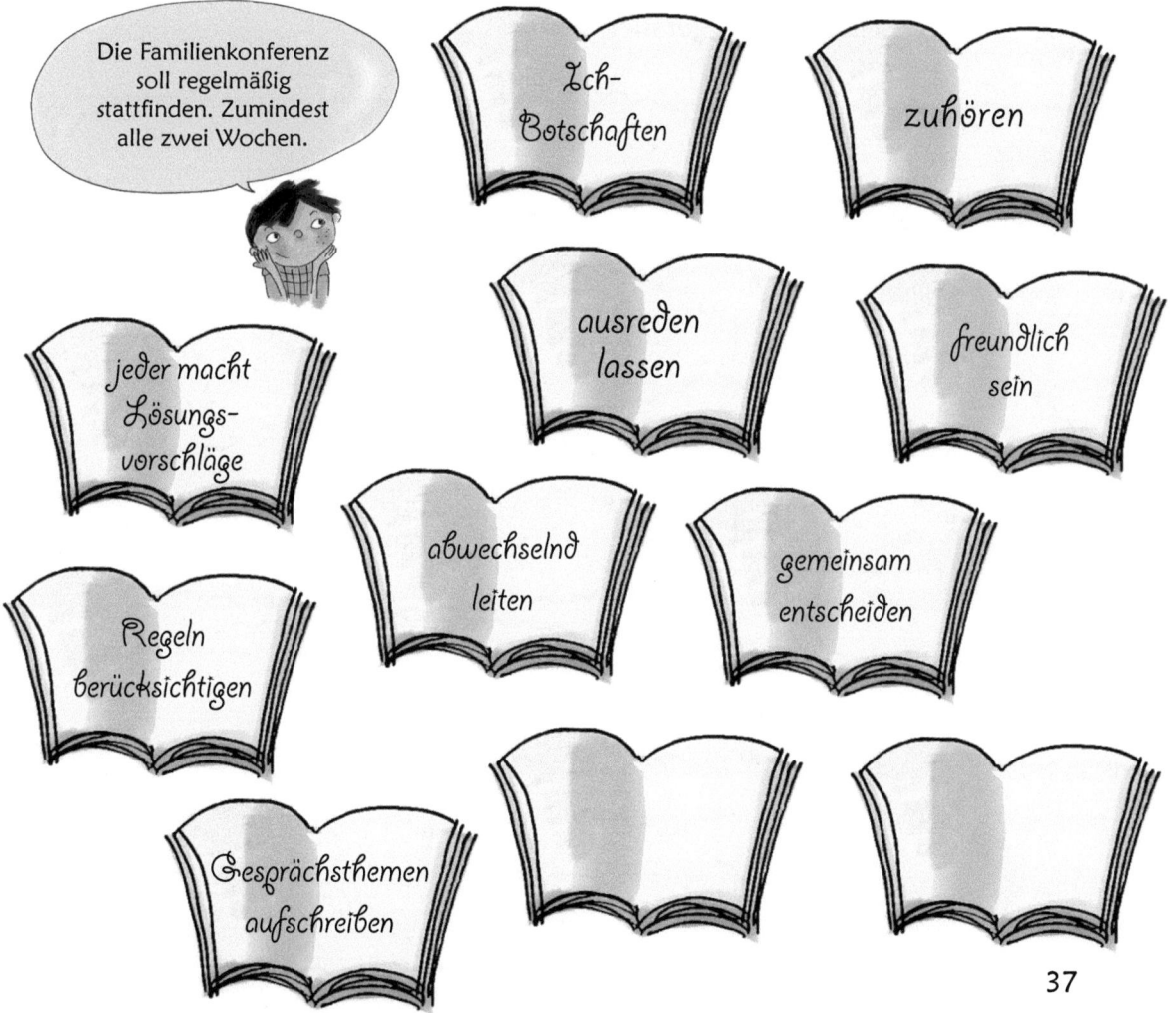

Die Familienkonferenz soll regelmäßig stattfinden. Zumindest alle zwei Wochen.

Ich-Botschaften

zuhören

jeder macht Lösungsvorschläge

ausreden lassen

freundlich sein

Regeln berücksichtigen

abwechselnd leiten

gemeinsam entscheiden

Gesprächsthemen aufschreiben

# WIE SPRICHST DU ES AN?

Dich stört etwas, was ein Familienmitglied oder jemand im Freundeskreis macht. Wählst du deine Worte ungeschickt, kann es zum Konflikt kommen. Wie kannst du also dem anderen in Ich-Botschaften sagen, was dich stört und was du dir wünschst? Schreibe deine Vorschläge auf. Unterstreiche dann jene Sätze, die dir am besten gefallen.

So sage ich es
in der Familie

So sage ich es
unter Freunden

# WIE GEHST DU VOR?

Du möchtest einen Konflikt mit einem Familienmitglied oder einem Freund/ einer Freundin lösen. Wie stellst du es an? Schreibe alles der Reihe nach auf.

Mein erster Schritt ist:

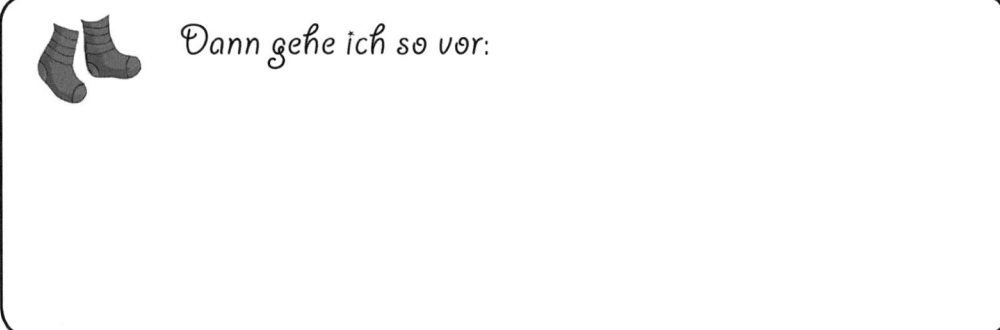

Dann gehe ich so vor:

# WAS MACHT STARKE GEFÜHLE?

Weißt du, welche Situationen dich zu Hause sowie unter Freunden traurig und/oder wütend machen? Gibt es auch oft gehörte Sätze oder einen bestimmten Umgang mit dir, der dich so fühlen lässt? Schreibe alles auf.

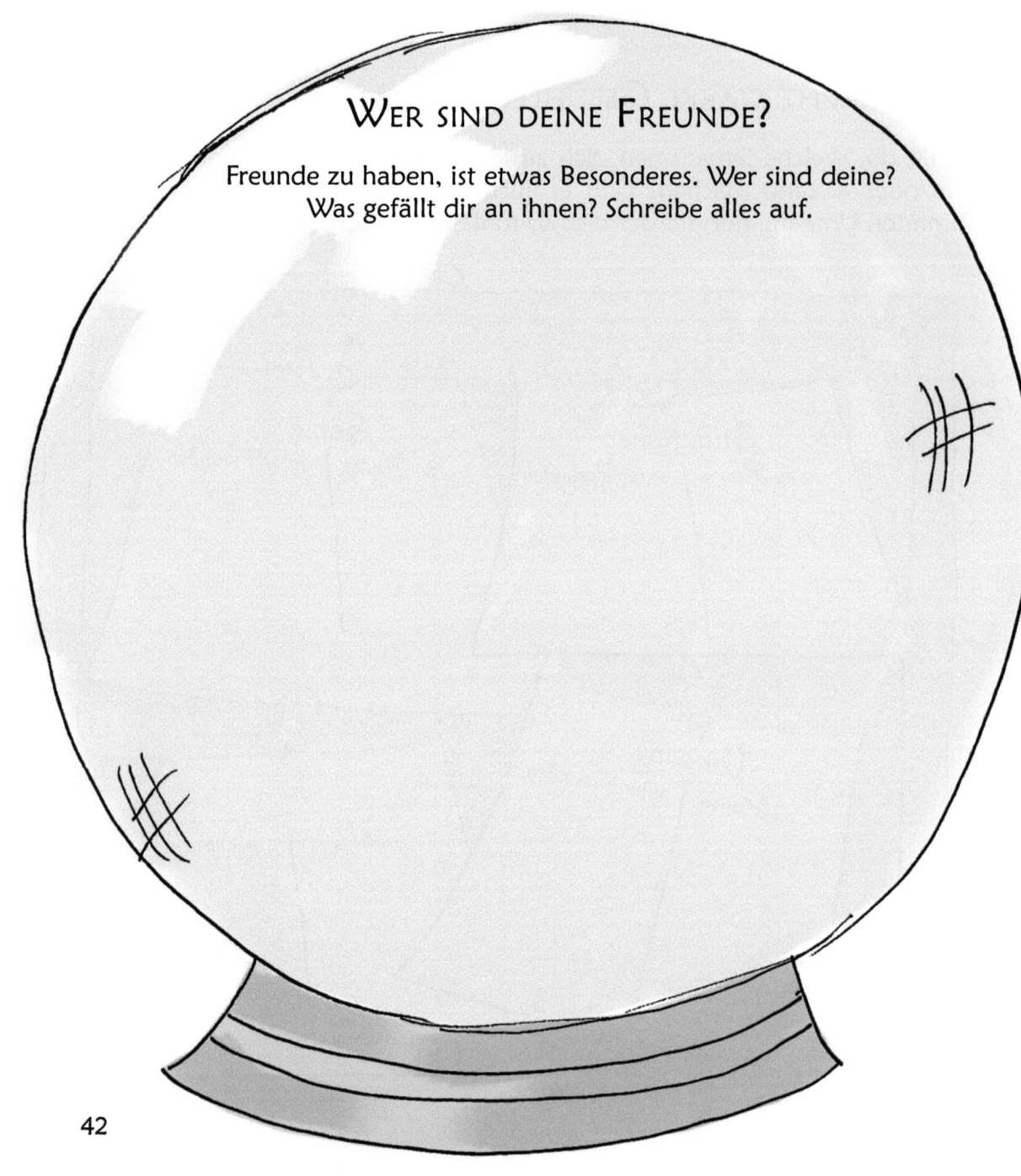

## WER SIND DEINE FREUNDE?

Freunde zu haben, ist etwas Besonderes. Wer sind deine?
Was gefällt dir an ihnen? Schreibe alles auf.

# WAS IST TYPISCH FÜR DEINE FREUNDE?

Welche Macken hast du bereits bei deinen Freunden kennengelernt? Welche findest du okay und welche nerven dich immer wieder?

Macken meiner Freunde, die ich okay finde:

Macken meiner Freunde, die mich nerven:

# Was gilt im Freundeskreis?

Unter Freunden gibt es wie daheim bestimmte Regeln. Welche fünf wichtigsten Regeln gelten in deinem Freundeskreis? Was passiert mit jemandem, der diese Regeln missachtet? Schreibe und/oder zeichne es auf.

Regeln:

1. _____

2. _____

3. _____

4. _____

5. _____

Das passiert bei einem Regelverstoß:

# Worum geht es meistens unter Freunden?

Missverständnisse passieren nicht nur daheim, sondern auch unter Freunden Schreibe drei Beispiele auf. Kreuze anschließend an, welches Missverständnis dich am meisten nervt.

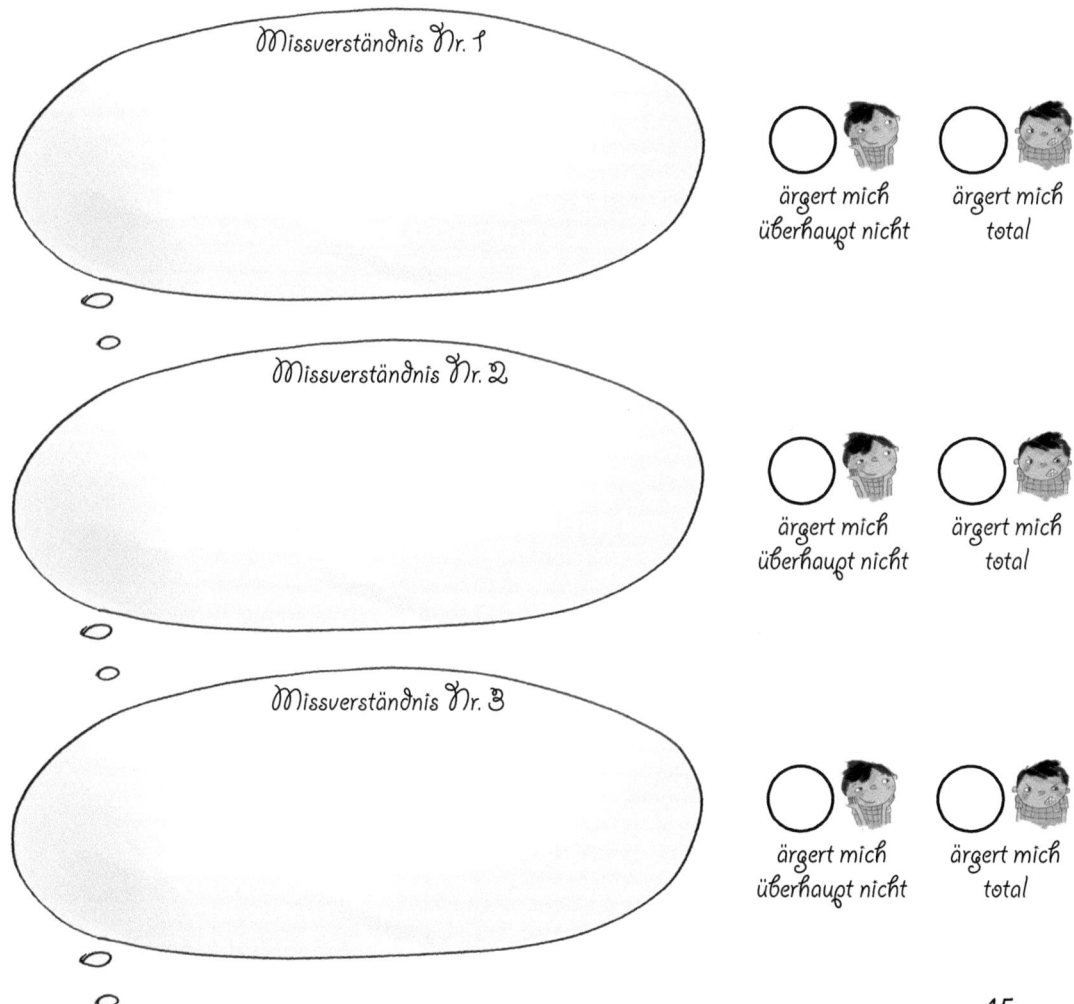

Missverständnis Nr. 1

ärgert mich
überhaupt nicht

ärgert mich
total

Missverständnis Nr. 2

ärgert mich
überhaupt nicht

ärgert mich
total

Missverständnis Nr. 3

ärgert mich
überhaupt nicht

ärgert mich
total

## WIE SCHLIESST DU FRIEDEN?

Um den Frieden zu besiegeln, kannst du jemandem die Hand geben, einen Vertrag unterschreiben oder ein Geschenk machen. Mit welchem Ritual hast du am schönsten Frieden geschlossen? Hier ist Platz für deine besondere Erinnerung mit einem Familienmitglied oder einem Freund/einer Freundin.

# Mein Konflikt-Tagebuch

Die folgenden Seiten sind nur für dich. Wenn du einmal in einem heftigen Konflikt steckst, nimm dir ein wenig Zeit und beantworte die Fragen. Wiederhole das Ganze in den Folgetagen des Konflikts. So erhältst du in einer aufwühlenden Situation wieder den vollen Durchblick.

## Die Fakten

Heute ist _____ , der _____ . _____ . 20_____

Wer ist mein Konfliktgegner/meine Konfliktgegnerin?

_____

Was ist passiert?

_____

_____

## Worum geht's?

Für mich ist der Streitpunkt:

_____

Für den Konfliktgegner/die Konfliktgegnerin ist der Streitpunkt:

_____

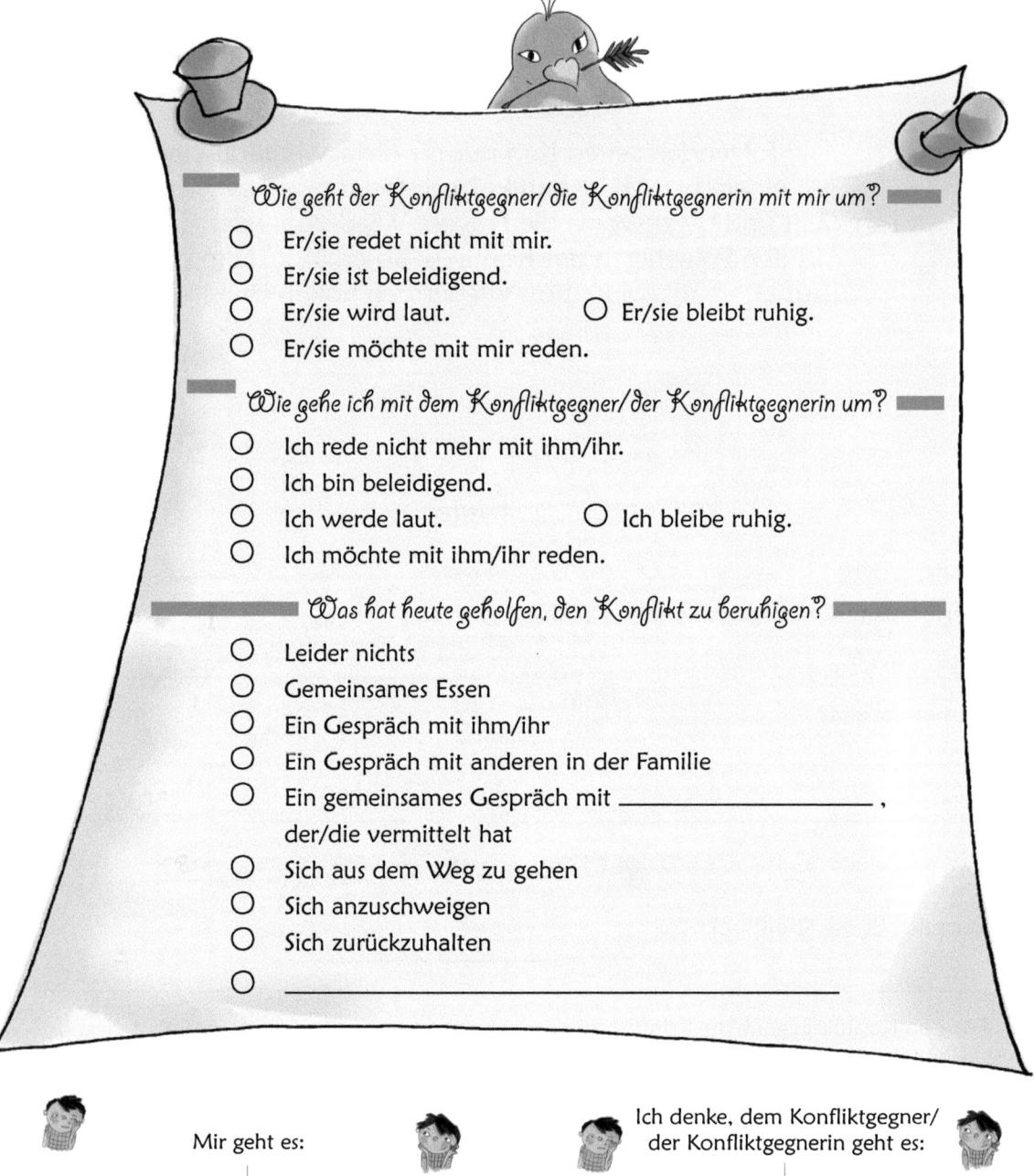

**Wie geht der Konfliktgegner/die Konfliktgegnerin mit mir um?**

- ○ Er/sie redet nicht mit mir.
- ○ Er/sie ist beleidigend.
- ○ Er/sie wird laut.     ○ Er/sie bleibt ruhig.
- ○ Er/sie möchte mit mir reden.

**Wie gehe ich mit dem Konfliktgegner/der Konfliktgegnerin um?**

- ○ Ich rede nicht mehr mit ihm/ihr.
- ○ Ich bin beleidigend.
- ○ Ich werde laut.     ○ Ich bleibe ruhig.
- ○ Ich möchte mit ihm/ihr reden.

**Was hat heute geholfen, den Konflikt zu beruhigen?**

- ○ Leider nichts
- ○ Gemeinsames Essen
- ○ Ein Gespräch mit ihm/ihr
- ○ Ein Gespräch mit anderen in der Familie
- ○ Ein gemeinsames Gespräch mit _____ , der/die vermittelt hat
- ○ Sich aus dem Weg zu gehen
- ○ Sich anzuschweigen
- ○ Sich zurückzuhalten
- ○ _____

Mir geht es:

gar nicht gut          sehr gut

Ich denke, dem Konfliktgegner/ der Konfliktgegnerin geht es:

gar nicht gut          sehr gut

Heute ist _____ , der

_____ . _____ . 20_____

## Wer ist mein Konfliktgegner/meine Konfliktgegnerin?

_____

## Was ist Neues passiert?

○ Ich habe heute über die Streitpunkte reden können.
○ Ich habe herausgefunden, worum es im Streit wirklich geht:

_____

## Wie hat sich der Konflikt verändert?

○ Hat sich beruhigt
○ Hat sich für beide Seiten positiv gelöst
○ Hat sich verschlimmert
○ Hat sich extrem hochgeschaukelt
○ _____

## Wie gehen wir miteinander um?

So geht der Konfliktgegner/die
Konfliktgegnerin mit mir um:

So gehe ich mit dem Konfliktgegner/
der Konfliktgegnerin um:

## Diese Frage beschäftigt mich:

Mir geht es:

gar nicht gut                    sehr gut

Ich denke, dem Konfliktgegner/
der Konfliktgegnerin geht es:

gar nicht gut                    sehr gut

Heute ist _____ , der

_____ . _____ . 20_____

### Wer ist mein Konfliktgegner/meine Konfliktgegnerin?

_____

### Was ist Neues passiert?

○ Ich habe heute über die Streitpunkte reden können.
○ Ich habe herausgefunden, worum es im Streit wirklich geht:

_____

### Wie hat sich der Konflikt verändert?

○ Hat sich beruhigt
○ Hat sich für beide Seiten positiv gelöst
○ Hat sich verschlimmert
○ Hat sich extrem hochgeschaukelt
○ _____

### Wie gehen wir miteinander um?

So geht der Konfliktgegner/die Konfliktgegnerin mit mir um: | So gehe ich mit dem Konfliktgegner/ der Konfliktgegnerin um:

### Diese Frage beschäftigt mich:

Mir geht es:

gar nicht gut ———————— sehr gut

Ich denke, dem Konfliktgegner/ der Konfliktgegnerin geht es:

gar nicht gut ———————— sehr gut

Heute ist _____ , der

_____ . _____ . 20_____

## Wer ist mein Konfliktgegner/meine Konfliktgegnerin?

_____

## Was ist Neues passiert?

○ Ich habe heute über die Streitpunkte reden können.

○ Ich habe herausgefunden, worum es im Streit wirklich geht:

_____

## Wie hat sich der Konflikt verändert?

○ Hat sich beruhigt

○ Hat sich für beide Seiten positiv gelöst

○ Hat sich verschlimmert

○ Hat sich extrem hochgeschaukelt

○ _____

## Wie gehen wir miteinander um?

| So geht der Konfliktgegner/die Konfliktgegnerin mit mir um: | So gehe ich mit dem Konfliktgegner/ der Konfliktgegnerin um: |
|---|---|
| | |

## Diese Frage beschäftigt mich:

Mir geht es:

gar nicht gut ———————————— sehr gut

Ich denke, dem Konfliktgegner/ der Konfliktgegnerin geht es:

gar nicht gut ———————————— sehr gut

Heute ist _____ , der

_____ . _____ . 20_____

## Wer ist mein Konfliktgegner/meine Konfliktgegnerin?

_____

## Ist der Konflikt beendet?

○ Nein     ○ Weiß nicht     ○ Vielleicht     ○ Ja

Das konnte ich bis heute klären:

_____

| Der Streitpunkt war für mich: | Der Streitpunkt war für den anderen: |
|---|---|
| | |

## Wie gehen wir miteinander um?

○ Wir vertragen uns wieder.
○ Wir reden miteinander.
○ Wir spielen, kochen, lachen miteinander.
○ Wir brauchen noch etwas Zeit.
○ Wir versuchen, gemeinsam Regeln für uns zu finden.
○ Wir merken, langsam wächst Gras darüber.
○ Wir benötigen Hilfe von außen.
○ Wir haben noch keine gute Lösung gefunden.
○ _____

## Was hat geholfen, den Konflikt zu beruhigen?

| Was trägst du dazu bei, damit es nicht mehr zum selben Konflikt kommt? | Was trägt der Konfliktgegner/die Konfliktgegnerin dazu bei? |
|---|---|
| | |

Mir geht es:

gar nicht gut ———————————— sehr gut

Ich denke, dem Konfliktgegner/ der Konfliktgegnerin geht es:

gar nicht gut ———————————— sehr gut

# Urkunde

Dein Foto

_____

ist Experte/Expertin für
cleveres Streiten und Versöhnen.

Er/Sie hat sich intensiv mit dem Thema

## gewaltfreies Streiten

befasst.

Außerdem hat er/sie entdeckt, wie er/sie denkt,
fühlt und sich verhält, wenn er/sie an einem
Konflikt beteiligt ist.

Vor allem hat er/sie gelernt,
wie er/sie bestehende
und zukünftige Konflikte
fair lösen kann.

 **edition riedenburg**

editionriedenburg.at

*Bezug über den (Internet-) Buchhandel in Deutschland, Österreich und der Schweiz.*

 # Noch mehr gute Tipps von Konrad:

 **BAND 7b EXTRA**

### Konrad, der Konfliktlöser EXTRA

**Clever streiten und versöhnen in der Schule und woanders**

 **BAND 7**

### Konrad, der Konfliktlöser

**Clever streiten und versöhnen**

In diesem Mit-Mach-Heft findest du eine Menge heraus: Was dich besonders ärgerlich macht oder wie du über heftige Streitereien denkst. Und wie du mit Gleichaltrigen in der Schule und woanders clever streiten und dich danach wieder richtig versöhnen kannst. Das alles kannst du auch gleich auf Papier üben, denn die zahlreichen Mit-Mach-Seiten laden dich dazu ein.

Darüber hinaus hilft dir dein persönliches Konflikttagebuch, den Überblick zu bewahren, wenn du einmal mitten in einem schulischen Konflikt steckst.

Konrad mag keinen Streit. Doch seine kleine Schwester Hannah und Mitschülerin Meeta schaffen es mit links, ihn auf die Palme zu bringen. Wodurch sich die Wogen wieder glätten und was Konrad über richtiges Streiten lernt, wird in „Konrad, der Konfliktlöser" vermittelt. Zusätzlich werden Strategien vorgestellt, die das Erkennen, Vorbeugen und Lösen von Konflikten erleichtern.

Die Mit-Mach-Seiten laden Kinder ab 8 Jahren dazu ein, ihr persönliches Konfliktverhalten besser wahrzunehmen sowie gezielt zu optimieren.

 **BAND 7 BILDER**

### Zoff in der Schule

**Das Bilder-Erzählbuch für cleveres Streiten und Versöhnen**

Konrad ist wütend. So sehr, dass er in einem heftigen Streit etwas Dummes macht. Das ist ungewöhnlich für ihn. Zum Glück hat Konrad seinen besten Freund Fred. Dieser hilft ihm, die Wogen zu glätten und sogar eine neue Freundschaft zu schließen.

„Zoff in der Schule – Das Bilder-Erzählbuch für cleveres Streiten und Versöhnen" vermittelt Kindern grundlegende Konfliktlösefähigkeiten. Es unterstützt sie darin, Strategien für gewaltloses Streiten zu entwickeln. Die Mit-Mach-Seiten ermöglichen außerdem, das eigene Konfliktverhalten zu reflektieren und zu optimieren.

 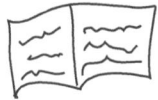

**edition riedenburg**
editionriedenburg.at

*Bezug über den (Internet-) Buchhandel in Deutschland, Österreich und der Schweiz.*

## Die Sachbuchreihe zu kindlichen und jugendlichen Spezialthemen

**Hauptautorin: Sigrun Eder**

---

### SOWAS! MINI – Für Kinder ab 2 Jahre

**Band 1 SOWAS! MINI**
**Der Wuschelfloh, der fliegt aufs Klo!**
Die Geschichte vom kleinen Spatz, der lieber ohne Windel sein wollte.

---

### SOWAS! • SOWAS! EXTRA • SOWAS! BILDER – Für Kinder ab dem Grundschulalter

**Band 1 SOWAS! • Band 1 SOWAS! EXTRA**
**Volle Hose** Einkoten bei Kindern: Prävention und Behandlung

**Band 2 SOWAS! • Band 2 SOWAS! EXTRA**
**Machen wie die Großen** Was Kinder und ihre Eltern über Pipi und Kacke wissen sollen

**Band 3 SOWAS! • Band 3 SOWAS! EXTRA • Band 3 SOWAS! BILDER**
**Nasses Bett?** Hilfe für Kinder, die nachts einnässen

**Band 4 SOWAS!**
**Pauline purzelt wieder** Hilfe für übergewichtige Kinder und ihre Eltern

**Band 5 SOWAS!**
**Lorenz wehrt sich** Hilfe für Kinder, die sexuelle Gewalt erlebt haben

**Band 6 SOWAS!**
**Jutta juckt's nicht mehr** Hilfe bei Neurodermitis

**Band 7 SOWAS! • Band 7 SOWAS! EXTRA • Band 7 SOWAS! BILDER**
**Konrad, der Konfliktlöser** Clever streiten und versöhnen

**Band 8 SOWAS! • Band 8 SOWAS! EXTRA • Band 8 SOWAS! BILDER**
**Annikas andere Welt** Hilfe für Kinder psychisch kranker Eltern

Ausgewählte Titel der edition riedenburg

www.editionriedenburg.at

## Buchreihen

Ich weiß jetzt wie! Reihe für Kinder bis ins Schulalter

SOWAS! – Kinder- und Jugend-Spezialsachbuchreihe

Verschiedene Alben für verwaiste Eltern und Geschwister

## Einzeltitel

Alleingeburt – Schwangerschaft und Geburt in Eigenregie

Alle meine Tage – Menstruationskalender

Alle meine Zähne – Zahnkalender für Kinder

Annikas andere Welt – Psychisch kranke Eltern

Ausgewickelt! So gelingt der Abschied von der Windel

Baby Lulu kann es schon! – Windelfreies Baby

Babymützen selbstgemacht! Ganz einfach ohne Nähen

Besonders wenn sie lacht – Lippen-Kiefer-Gaumenspalte

Bitterzucker – Nierentransplantation

Brüt es aus! Die freie Schwangerschaft

Das doppelte Mäxchen – Zwillinge

Das große Storchenmalbuch mit Hebamme Maja

Der Kaiserschnitt hat kein Gesicht – Fotobuch

Der Wuschelfloh, der fliegt aufs Klo! – Spatz ohne Windel

Die Josefsgeschichte – Biblisches von Kindern für Kinder

Die Sonne sucht dich – Foto-Meditation Schwangerschaft

Drei Nummern zu groß – Kleinwuchs

Egal wie klein und zerbrechlich – Erinnerungsalbum

Ein Baby in unserer Mitte – Hausgeburt und Stillen

Frauenkastration – Fachwissen und Frauen-Erfahrungen

Gerade war ich noch schwanger – Trost durch Bilder

Ich war ein Wolfskind aus Königsberg – DDR und BRD

In einer Stadt vor unserer Zeit – Regensburg-Reiseführer

Jutta juckt's nicht mehr – Hilfe bei Neurodermitis

Konrad, der Konfliktlöser – Clever streiten und versöhnen

Lass es raus! Die freie Geburt

Leg dich nieder! Das freie Wochenbett

Lilly ist ein Sternenkind – Verwaiste Geschwister

Lorenz wehrt sich – Sexueller Missbrauch

Luxus Privatgeburt – Hausgeburten in Wort und Bild

Machen wie die Großen – Rund ums Klogehen

Maharishi Good Bye – Tiefenmeditation und die Folgen

Mama und der Kaiserschnitt – Kaiserschnitt

Mamas Bauch wird kugelrund – Aufklärung für Kinder

Manchmal verlässt uns ein Kind – Erinnerungsalbum

Mein Sternenkind – Verwaiste Eltern

Meine Folgeschwangerschaft – Schwanger nach Verlust

Meine Wunschgeburt – Gebären nach Kaiserschnitt

Mit Liebe berühren – Erinnerungsalbum

Nasses Bett?– Nächtliches Einnässen

Nino und die Blumenwiese – Nächtliches Einnässen, Bilderbuch

Oma braucht uns – Pflegebedürftige Angehörige

Oma war die Beste! – Trauerfall in der Familie

Papa in den Wolken-Bergen – Verlust eines nahen Angehörigen

Pauline purzelt wieder – Übergewichtige Kinder

Regelschmerz ade! Die freie Menstruation

So klein, und doch so stark! – Extreme Frühgeburt

So leben wir mit Endometriose – Hilfe für betroffene Frauen

Soloschläfer – Erholsamer Mutter-Kind-Schlaf ohne Mann

Still die Badewanne voll! Das freie Säugen

Stille Brüste – Das Fotobuch für die Stillzeit und danach

Tragekinder – Das Kindertragen Kindern erklärt

Und der Klapperstorch kommt doch! – Kinderwunsch

Und wenn du dich getröstet hast – Erinnerungsalbum

Unser Baby kommt zu Hause! – Hausgeburt

Unser Klapperstorch kugelt rum! – Schwangerschaft

Unsere kleine Schwester Nina – Babys erstes Jahr

Volle Hose – Einkoten bei Kindern

Zoff in der Schule – Das Bilder-Erzählbuch

Bezug über den (Internet-)Buchhandel in Deutschland, Österreich und der Schweiz.